AF300269

LE CAPITOLE DE VESONTIO

ET

LES CAPITOLES PROVINCIAUX

DU MONDE ROMAIN

LE CAPITOLE DE VESONTIO

ET

LES CAPITOLES PROVINCIAUX

DU MONDE ROMAIN

PAR

AUGUSTE CASTAN

PARIS

IMPRIMERIE IMPÉRIALE

M DCCC LXIX

LE CAPITOLE DE VESONTIO

ET

LES CAPITOLES PROVINCIAUX

DU MONDE ROMAIN.

I

En tête d'un livre qui est un remarquable essai d'alliance entre l'archéologie et l'histoire, le regrettable Ampère déclare que, s'il a pu présenter sous un jour nouveau les annales du peuple romain, ç'a été grâce aux notions précises que l'on possède aujourd'hui sur la topographie de l'ancienne Rome. « Pour moi, dit-il, j'avoue que je n'avais jamais eu une vue claire des scènes du Forum avant d'avoir déterminé exactement la disposition respective du Comitium, où se réunissaient les patriciens; du Forum proprement dit, réservé aux tribus plébéiennes; de la Curie, lieu des assemblées du sénat, dominant le Comitium; de la tribune, placée entre le Comitium et le Forum. Cette disposition bien comprise, l'histoire de ces débats orageux des deux ordres, qui fut toute l'histoire intérieure de Rome au temps de sa liberté, apparaît comme un drame animé, dont pas un détail n'échappe au spectateur, dont son âme partage toutes les agitations et suit toutes les vicissitudes[1]. »

Mais cette détermination de la véritable place qu'occupait un monument détruit depuis une quinzaine de siècles est une opéra-

[1] Ampère, *L'Histoire romaine à Rome*, introduction, p. III et IV.

tion qui n'est ni simple ni toujours certaine. Les historiens, parlant d'édifices encore debout et connus de tous leurs contemporains, n'ont pas supposé que la postérité en perdrait la trace, et se sont dès lors dispensés de fournir, à leur sujet, des données topographiques. De son côté, la tradition a souvent confondu sous un même vocable des choses originairement distinctes, ou bien encore identifié les produits de périodes essentiellement différentes comme époque et comme caractère.

Ces deux genres d'obstacles ont dérouté jusqu'à présent la critique dans ses efforts pour préciser le point de la colline Tarpéienne où s'élevait le temple, fameux entre tous, de Jupiter Capitolin. « Ainsi, dit encore Ampère, nous connaissons la forme, l'histoire de ce temple et jusqu'à ses matériaux ; mais il est très-difficile de savoir exactement où il était placé... C'est une des questions de topographie romaine les plus importantes et les plus difficiles à trancher. Il est assez piquant qu'on soit embarrassé à Rome pour dire : Le Capitole était là[1]. »

Devrons-nous rester dans la même incertitude relativement au Capitole de notre Vesontio, car ce *maximum oppidum* de l'une des principales peuplades de la Gaule n'avait pu manquer, en associant ses destinées à celles de Rome, de consacrer un édifice au culte fondamental de la religion que lui imposait la conquête ? Tel est le problème que nous allons essayer de résoudre.

II

L'un des traits les plus accusés et les plus persistants de la politique de Rome consista dans sa mansuétude envers les nations soumises par ses armes. Rome n'oublia jamais qu'elle avait dû ses commencements à un asile, et elle fit de ce souvenir la base d'un système d'annexion qu'elle eut la merveilleuse fortune d'étendre à l'univers civilisé. Tout peuple conquis devenait immédiatement un membre de la société romaine, et la somme de ses droits politiques devait s'y accroître en proportion des preuves qu'il donnerait de sa fidélité et des progrès qu'il accomplirait dans la voie de son assi-

---

[1] Ampère, *L'Histoire romaine à Rome*, t. II, p. 59.

milation avec la métropole[1]. «Des hommes de toute race, de toute tribu, de tout rang, dit M. Amédée Thierry, se donnent la main dans un asile; l'association d'individus devient une association de tribus, puis de nations et de races entières[2]. »

Dès le second siècle de l'existence de Rome, le roi Tarquin avait résumé ce programme dans une « grande pensée monumentale[3]. » Sur l'un des sommets de la colline où avait régné Saturne, de pacifique mémoire, il « semble avoir voulu faire, pour ainsi dire, un temple *de fusion,* appartenant également aux trois races qu'il cherchait à mettre sur un pied d'égalité et à réunir dans une même unité nationale..... Ainsi ce temple devait être commun à tous, réunir dans son sein le Jupiter Latin, la Minerve Étrusque, la Junon Sabine, et, par ce triple culte, offrir comme un symbole des trois peuples au milieu desquels il fut élevé[4]. »

Le temple de Jupiter Capitolin, destiné à perpétuer dans Rome la tradition d'une généreuse clémence envers les vaincus, dut être spécialement en honneur parmi les nations subjuguées. C'était à leurs yeux le gage permanent de l'accession graduelle à une condition de plus en plus honorable et douce : il n'est pas étonnant dès lors qu'elles aient ambitionné de reproduire chez elles cette arche de leur alliance avec la métropole.

III

Plus que toute autre ville de la Gaule Chevelue, Vesontio avait

---

[1] «Quid aliud exitio Lacedæmoniis et Atheniensibus fuit, quanquam armis pollerent, nisi quod victos pro alienigenis arcebant? At conditor noster Romulus tantum sapientia valuit, ut plerosque populos eodem die hostes, dein cives, habuerit. Advenæ in nos regnaverunt. Libertinorum filiis magistratus mandari, non, ut plerique falluntur, repens, sed priori populo factitatum est. » (Taciti *Annales,* l. XI, c. xxiv.) — «Humanissime factum est ut omnes ad Romanum imperium pertinentes societatem acciperent civitatis et Romani cives essent.» (S. Augustini *De civitate Dei,* l. V, c. xvii. — Cf. Ciceronis *Orat. pro Balbo,* c. xii; — Auli Gellii *Noct. Attic.* l. XVI, c. xiii.)

[2] Amédée Thierry, *Histoire de la Gaule sous l'administration romaine,* introduction, p. 26.

[3] Ampère, *L'Histoire romaine à Rome,* t. II, p. 54.

[4] *Id. ibid,* p. 54 et 55.

des comptes terribles à régler avec Rome. La nation séquanaise, dont elle était la capitale, passait pour l'une des plus anciennes et des plus implacables ennemies du peuple romain[1]. Les traditions racontaient que le brenn farouche qui, six mois durant, avait tenu assiégé le mont du Capitole et en avait emporté la rançon, était le gendre d'un roi de Vesontio, et était parti de cette place pour fondre sur l'Italie[2]. Depuis lors, les Séquanes n'avaient cessé de pactiser avec les Germains et de favoriser, en leur ouvrant les défilés du Jura, les tentatives d'agression de ces peuplades sauvages contre le territoire romain[3]. Fidèles à ce même esprit d'hostilité, ils avaient préféré, dans leurs démêlés avec les Édues, l'intervention d'Arioviste à celle de Rome, livrant ainsi à la Germanie un poste avancé qui confinait à la province romaine[4]. Lorsque César vint, au profit de son ambition, les délivrer de cet insatiable auxiliaire, leurs récits exagérés avaient failli mettre le désarroi dans les légions du pro-

---

[1] Πέραν δὲ τοῦ Ἄραρος οἰκοῦσιν. οἱ Σηκοανοὶ, διάφοροι καὶ τοῖς Ῥωμαίοις ἐκ πολλοῦ γεγονότες. (Strabonis *Geographica*, l. IV, c. III, § 2.)

[2] «Sede Bisuntinus fuerat tunc rex Seguinus,

Cujus erat Sauna fluvius, Rhodanusque marinus,

Primaque pars Araris, Allobrogusque sinus.

. . . .

Uxor erat Brenni, Seguini filia regis,

Cujus ab auxiliis dux Gallica regna subegit.

. . . .

Defuncto socero, fit regni Brennius hæres,

Qui modo Romanum regnum confisus habebat,

Intrat in Italias, agmina multa ferens.»

(Golfrid. Viterb. *Pantheon* part. IX, apud *Germ. scriptor.* edit. Pistorio, t. II, col. 97.)

[3] Ὅτι πρὸς Γερμανοὺς προσεχώρουν πολλάκις κατὰ τὰς ἐφόδους αὐτῶν τὰς ἐπὶ τὴν Ἰταλίαν, καὶ ἐπεδείκνυντό γε οὐ τὴν τυχοῦσαν δύναμιν, ἀλλὰ καὶ κοινωνοῦντες αὐτοῖς ἐποίουν μεγάλους, καὶ ἀφιστάμενοι μικρούς. (Strabonis *Geographica*, l. IV, c. III, § 2.)

[4] «Paulatim autem Germanos consuescere Rhenum transire, et in Galliam magnam eorum multitudinem venire, populo Romano periculosum videbat [Cæsar]: neque sibi homines feros et barbaros temperaturos existimabat, quin, quum omnem Galliam occupassent, ut ante Cimbri Teutonique fecissent, in Provinciam exirent, atque inde in Italiam contenderent; præsertim quum Sequanos a Provincia nostra Rhodanus divideret.» (*Bell. Gall.* l. I, c. XXXIII.)

consul[1]. Enfin, durant les sept campagnes de César, leur attitude avait été constamment belligérante, et l'un des plateaux de leurs montagnes était devenu le théâtre de la lutte suprême dont l'issue consomma la perte de l'indépendance des Gaules[2].

Si Vesontio avait beaucoup à se faire pardonner par Rome, celle-ci avait les plus sérieux motifs de ménager les habitants d'une place de guerre que César jugeait de première importance. Assis, en effet, sur le versant d'un rocher inexpugnable, qui lui servait de citadelle, défendu en outre par le circuit d'un fleuve[3], le *maximum oppidum* des Séquanes[4] commandait le centre de ce couloir creusé par le Doubs entre les Juras et les Vosges, dans l'axe de la trouée qui servait de porte aux gens du Nord pour gagner des régions meilleures[5]. Cette situation désignait Vesontio comme l'un des

[1] «Dum paucos dies ad Vesontionem, rei frumentariæ commeatusque causa, moratur, ex percontatione nostrorum, vocibusque Gallorum ac mercatorum, qui ingenti magnitudine corporum Germanos, incredibili virtute atque exercitatione in armis esse prædicabant, sæpenumero sese cum iis congressos ne vultum quidem atque aciem oculorum ferre potuisse, tantus subito timor omnem exercitum occupavit, ut non mediocriter omnium mentes animosque perturbaret.» (*Bell. Gall.* l. I, c. xxxix.)

[2] Il s'agit du siége d'Alesia, que nous ne cessons de placer à Alaise (Doubs), en nous fondant : 1° sur la direction topographique indiquée par César au début du récit, et qui doit, puisque l'historien n'en donne pas une nouvelle, servir de fil conducteur pour toute cette partie de la septième campagne; 2° sur les témoignages de Dion Cassius et de Plutarque, qui confirment formellement cette présomption; 3° sur 30,000 sépultures militaires de l'époque celtique, semées autour d'un plateau naturellement fort, et qui porte un village dont le nom s'écrivait encore *Alesia* dans les actes de baptême du xviiᵉ siècle.

[3] «Omnium rerum quæ ad bellum usui erant summa erat in eo oppido facultas : idque natura loci sic muniebatur, ut magnam ad ducendum bellum daret facultatem; propterea quod flumen Dubis, ut circino circumductum, pene totum oppidum cingit; reliquum spatium, quod est non amplius pedum DC, qua flumen intermittit, mons continet magna altitudine, ita ut radices ejus montis ex utraque parte ripæ fluminis contingant. Hunc murus circumdatus arcem efficit et cum oppido conjungit.» (*Bell. Gall.* l. I, c. xxxviii. — Voyez, à la planche I, le plan de Vesontio.)

[4] «. . . ad occupandum Vesontionem, quod est oppidum maximum Sequanorum.» (*Bell. Gall.* l. I, c. xxxviii.)

[5] «. . . Neque enim conferendum esse Gallicum cum Germanorum agro, neque hanc consuetudinem victus cum illa comparandam.» (*Ibid.* l. I, c. xxxi.)

boulevards que Rome pouvait le plus utilement opposer aux velléités perpétuelles d'incursion qui travaillaient la Germanie.

En politique, les associations durables sont celles que garantissent des intérêts réciproques : tel fut le cas de celle que la conquête des Gaules établit entre Rome et Vesontio. Le pardon de l'une devait être compensé par les services de l'autre.

Immatriculés de vive force dans la société romaine, les Séquanes, avec leur sens droit et réfléchi, ne tardèrent pas à comprendre les avantages de leur nouvelle fortune. Une fois cette notion acquise, ils acceptèrent franchement le fait accompli[1], et tâchèrent d'en tirer le meilleur parti possible. Ils suivirent quelquefois la ligne de l'opposition, mais jamais celle de la révolte. S'ils s'associèrent aux protestations armées de Sacrovir et de Vindex contre les exactions de Tibère et les folies honteuses de Néron, ce fut avec la volonté de réformer des abus et non de disloquer l'empire[2]. Ils donnèrent bientôt une preuve éclatante de cette disposition, en se chargeant à eux seuls de ruiner l'entreprise du Lingon Sabinus, qui avait pour but de reconstituer un empire des Gaules[3].

Cette conduite plaça très-haut notre ville dans l'estime des bons empereurs ; elle lui mérita de parcourir rapidement la carrière des faveurs que Rome n'accordait qu'à bon escient aux populations fidèles. Élevée au rang de municipe, probablement par Galba, dont elle avait hâté l'avénement en fermant ses portes à l'armée de Néron[4], elle devint ensuite colonie romaine, vraisemblablement sous Marc-Aurèle, au moment où il fut nécessaire d'échelonner des garnisons permanentes sur la frontière de l'empire qui regardait la Germanie[5]. C'est à cette dernière circonstance que Vesontio dut le maintien de son nom individuel, tandis que la plupart des

---

[1] Νυνὶ δ' ὑπὸ τοῖς Ῥωμαίοις ἅπαντ' ἐστί. (Strabonis *Geographica*, l. IV, c. III, § 2.)

[2] A. Castan, *La bataille de Vesontio et ses vestiges*, dans les *Mémoires de la Société d'émulation du Doubs*, 3ᵉ série, t. VII (1862), p. 477-490.

[3] A. Delacroix, *Epponine et la Baume-Noire*, dans les *Mémoires de la Société d'émulation du Doubs*, 4ᵉ série, t. I (1865), p. 280-294.

[4] Voyez notre mémoire déjà cité sur *la bataille de Vesontio*.

[5] Voyez nos *Considérations sur l'arc antique de Porte-Noire à Besançon*, dans les *Mémoires de la Société d'émulation du Doubs*, 4ᵉ série, t. II (1866), p. 420-429.

grandes villes de la Gaule échangeaient le leur contre celui de la
peuplade dont elles étaient le chef-lieu [1].

« Les colonies, dit Aulu-Gelle, étaient en quelque sorte des
images réduites du peuple romain [2], » et « à ce titre, ajoute Ducange,
elles renfermaient des théâtres, des thermes et des capitoles [3]. »

Les renseignements abondent sur l'amphithéâtre de Vesontio :
ses ruines ont été noyées, il est vrai, dans l'un des bastions construits
par Vauban ; mais nous en avons des images [4], et le nom de notre
rue d'Arènes en conserve la mémoire. Les thermes, qui jouaient
un si grand rôle dans les habitudes hygiéniques de l'époque romaine, ne manquaient pas à Vesontio, et les fouilles de ces derniers temps en ont mis au jour d'importants vestiges [5]. Le Capitole
avait jusqu'à présent échappé à toutes les recherches ; mais nous le
tenons enfin, et nous allons le faire connaître.

IV

Tous nos historiens locaux, sans exception, ont indiqué la plus

[1] Cette règle, dont la découverte appartient à M. Léon Renier, se vérifie, en ce
qui concerne Vesontio, par l'inscription suivante, gravée sur bronze et conservée
à l'hôpital du Mont-Saint-Bernard :

IOVI·POENINO
Q·SILVIVS·PEREN
NIS · TABELL · COLON
SEQVANOR
V S L M

(Th. Mommsen, Inscriptiones Helvet. n° 42.)

Les mots Colonia Sequanorum ne peuvent s'entendre que de la capitale du pays
transformée en colonie romaine : c'est ainsi qu'Aventicum a été fréquemment
appelé Colonia Helvetiorum (Mommsen, op. cit. n°ˢ 142, 164, 181), que Té-
rouanne a porté le nom de Colonia Morinorum (Gruter, Corpus inscription. p. LXXX,
n° 6), et Faléries celui de Colonia Faliscorum (Henzen, Inscript. collectio, n° 5132).

[2] « Coloniæ quasi effigies parvæ [populi Romani] simulacraque esse quædam
videntur. » (Auli Gellii Noct. Attic. l. XVI, c. XIV.)

[3] Glossar. med. et inf. lat. v° CAPITOLIUM.

[4] Prost, Histoire de Besançon, manuscrit de la bibliothèque de cette ville ;
deux dessins des Arènes entre la page 80 et la page 81.

[5] Ed. Clerc, La Franche-Comté à l'époque romaine, plan qui se trouve en
regard de la page 19.

A.

haute des places publiques de Besançon, la place Saint-Quentin, comme ayant été le siége du Capitole de Vesontio[1]. Cette opinion se fondait sur le passage suivant de la légende de notre évêque saint Maximin : «Il consacra au culte de saint Jean-Baptiste une église dans le forum de la cité, auprès du *Capitole*[2].»

Pour qu'un pareil texte eût de la valeur dans la question qui nous occupe, il faudrait que sa rédaction remontât à une époque assez reculée et qu'il reproduisît, naïvement et sans interprétation, une tradition antique. Tel n'est pas le cas de cette légende. Elle est si peu ancienne, que les Bollandistes lui ont refusé l'accès de leur recueil[3], et ce n'est qu'en 1653 qu'elle a pris rang dans la liturgie du diocèse[4]. Elle ne peut d'ailleurs avoir été écrite avant la fin du XVe siècle, car c'est alors seulement que l'on a commencé chez nous à rendre un culte spécial au saint Maximin de Besançon, jusque-là confondu avec son célèbre homonyme, l'évêque de Trèves[5]. L'hagiographe chargé de cette résurrection, ayant à raconter la fondation de notre église de Saint-Jean-Baptiste, eut recours à ce latin fleuri dans lequel, en vertu du principe d'assimilation de toute chose moderne avec son prétendu analogue de l'antiquité, le mot *marché* ne pouvait se traduire que par *forum*[6], et le mot *cita-*

[1] J. J. Chifflet, *Vesontio*, I, p. 66. — Prost, *Histoire* (manuscrite) *de Besançon*, p. 57 et 58. — Dunod, *Histoire des Séquanois et du comté de Bourgogne*, t. I, p. 172. — D. Berthod, *Dissertation sur les différentes positions de la ville de Besançon*, dans les *Documents inédits pour servir à l'histoire de la Franche-Comté*, t. II, p. 334. — Ed. Clerc, *La Franche-Comté à l'époque romaine*, p. 22 et 23.

[2] «Videns [Maximinus] basilicam non posse capere christianorum multitudinem tam ingentem, quandam domum in foro civitatis, juxta *Capitolium*, consecravit in honore S. Joannis Baptistæ.» (Manuscriptus liber citatus a J. J. Chifflet, *Vesontio*, I, p. 66.)

[3] Voyez les motifs de ce refus dans l'*Appendice aux Actes de saint Maximin de Trèves*. (*Acta sanctorum*, maii t. VI, 29 maii.)

[4] L'abbé Suchet, *Saint Maximin, évêque de Besançon, protecteur de Foucherans*; Besançon, 1865, in-18, p. 15 et 16.

[5] L'abbé Suchet, *Saint Maximin*, p. 33.

[6] Ainsi avait déjà fait, en 1411, le rédacteur d'un acte par lequel le chapitre métropolitain de Besançon dégrévait de toute servitude les terrains acquis par la commune pour agrandir la place Saint-Quentin, et y rendre plus commode la

delle que par *capitolium.* Or l'église Saint-Jean-Baptiste étant située sur la place d'un marché encore existant et au pied de la rampe qui conduit à notre citadelle, les deux expressions latines dont il s'agit se présentaient naturellement au narrateur. La légende de saint Maximin ne fait donc que peindre, avec des couleurs empruntées au vocabulaire antique, un aspect des lieux qui appartient à la fin du moyen âge. Elle n'a, conséquemment, pas qualité pour éclairer une recherche ayant trait à la période gallo-romaine.

Nous avons heureusement, pour nous guider, des textes de meilleur aloi et plus concluants.

Ouvrons d'abord le rituel de saint Prothade. Ce doyen d'âge des monuments liturgiques de notre diocèse a été composé entre les années 612 et 625[1] : il a subi plus d'un remaniement dans le cours des siècles, et entre autres une refonte complète sous le glorieux pontificat de Hugues Ier, de 1031 à 1066. Mais on peut à coup sûr rapporter à la rédaction primitive, c'est-à-dire au début du viie siècle, les deux seules notions de topographie gallo-romaine qu'il renferme : le nom de *Porte de Mars,* donné à notre arc antique, puis le mot *Capitolium,* appliqué à un terrain dont nous chercherons à préciser l'emplacement.

Ce dernier terme vient à propos d'une procession générale qui, le matin du dimanche des Rameaux, partait de l'église métropolitaine Saint-Jean et se rendait à l'abbaye Saint-Paul, où avait lieu la bénédiction des palmes. L'itinéraire du retour de cette procession est décrit de la manière suivante : «Lorsque. . . . . la procession sera sortie de l'église [Saint-Paul], le grand chantre commencera l'antienne *Cum appropinquaret.* Celle-ci se continuera jusqu'à ce que l'on soit arrivé au CAPITOLE. Le clergé fera processionnellement l'ascension du MONTICULE, et s'y rangera honnêtement et dévotement. De son côté, le peuple se tiendra dans le pourtour. Alors un des chantres commencera l'antienne *Occurrunt turbæ.*

tenue du marché : «ad commoditatem pleniorem *fori* publici ab antiquissimis temporibus inibi teneri soliti.» (Archives de la ville de Besançon.)

[1] D. Ferron, *Dissertation sur l'ordre chronologique des évêques de Besançon,* dans les *Documents inédits pour servir à l'histoire de Franche-Comté,* t. II. p. 184-187.

Celle-ci étant achevée, un sermon sera fait au peuple; puis, le discours fini, on découvrira la croix qui aura été préparée en ce lieu. » Après l'adoration de la croix, la procession reprenait sa marche et faisait une nouvelle halte devant Porte-Noire[1].

De ce texte découlent trois renseignements précieux: 1° il y avait à Besançon un lieu qui portait, au vii° siècle, le nom de *Capitole*, et qui le conservait encore au xi°; 2° en cet endroit était un monticule que l'on employait comme reposoir dans la cérémonie de l'adoration de la croix; 3° enfin ce monticule était approximativement à mi-chemin entre l'abbaye Saint-Paul et Porte-Noire, puisqu'il servait, à la procession des palmes, de station entre ces deux points.

Au xiii° siècle, la ville est constituée en commune : la population, entourée désormais de garanties, s'accroît rapidement; de nouvelles maisons s'élèvent de toutes parts, au Capitole comme ailleurs[2]. La procession des palmes est alors obligée de modifier son itinéraire; l'adoration de la croix ne peut plus se faire au Capitole : un rituel de la fin du xiii° siècle[3] nous indique qu'on l'a transportée devant

---

[1] «Postquam..... processio extra ecclesiam [Sancti Pauli] fuerit, incipiat major cantor antiphonam *Cum appropinquaret*, etc. Quæ sic protendatur donec ad CAPITOLIUM perveniatur. Clerici cum processione MONTICULUM ascendant et ibi se ordinent honeste et religiose. Turba autem in convalle stet. Tunc unus e cantoribus incipiat antiphonam *Occurrunt turbæ*, etc. Qua finita, fiat verbum ad populum. Quo completo, discooperiatur crux quæ ibi fuerat preparata...... His finitis, ordinent se sicut prius et teneant cœptum iter..... Et cum venerint ad *Portam Martis*, quæ nunc dicitur *Nigra*, stent pueri super murum civitatis, cantantes laudes *Gloria, laus*, etc..... » (*Ordinarium antiquum Ecclesiæ Bisuntinæ : Ordo in die Palmarum*; apud Edm. Martenne, *Tractat. de antiqua Ecclesiæ disciplina*, c. xx, p. 205. — *Id.* dans Dunod, *Histoire des Séquanois et du comté de Bourgogne*, t. I, *Preuves*, p. xxx.)

[2] Voyez nos *Origines de la commune de Besançon*, c. v, dans les *Mémoires de la Société d'émulation du Doubs*, 3° série, t. III (1858), p. 304-306.

[3] «....... In reditu cantatur *Cum appropinquaret Dominus* et que secuntur, et palme et frondes portantur usque ad Sanctum Mauricium et offeruntur ibi... Cum autem venerint ad Sanctum Mauricium, debet crux ibi esse parata ante portam et cooperta quodam panno; et duo canonici debent subtus campanarium cantare *Occurrunt turbe* ter, et processiones ter respondere similiter *Occurrunt turbe*... Postea veniunt ad *Nigram Portam*, cantantes antiphonam usque ad *Nigram Portam*..... » (*Ordinarium Eccles. Bisunt.* abeunte xiii° sæculo exaratum;

l'église Saint-Maurice [1]. De ce fait nous pouvons conclure que la place Saint-Maurice était le lieu public le plus voisin du Capitole.

Mais faudra-t-il chercher ce Capitole plus haut ou plus bas que l'église? Une charte du mois de novembre 1218 va trancher la question : c'est un traité d'échange par lequel le prévôt Guy de Liesle abandonne au chapitre de Saint-Jean « tout son droit sur un champ qui s'étend, dit la charte, depuis l'église de Saint-Maurice, *en descendant*, jusqu'au Capitole [2]. » Donc, en partant du flanc d'aval de l'église Saint-Maurice et en suivant la descente naturelle du sol, dessinée par celle de la Grande-Rue, on n'avait qu'un seul champ à franchir pour atteindre le Capitole.

Si sur ce même flanc d'église, qui bordait le champ cédé par Guy de Liesle, nous élevons une perpendiculaire; si nous en faisons partir une autre du portail de l'église Saint-Paul, par où sortait la procession des palmes pour gagner le Capitole [3], ces deux lignes se croiseront sur un massif de ruines gallo-romaines, tranché en deux parties inégales par le creusage moderne d'une cour, et dont le principal morceau, qui représente environ 5,000 mètres cubes, s'élève encore de 8 mètres au-dessus du sol antique [4]. Il forme, au fond de l'hôtel de MM. Ethis (Grande-Rue, n° 91), une terrasse plantée de

codex membr. biblioth. Bisunt. — Cf. *Processionale Ecclesiæ metropolitanæ Bisuntinæ*, edit. H. H. Callier; *Vesontione*, 1750, in-8°, p. 75-79.)

[1] La croix qui figurait dans cette cérémonie, la même que l'on plantait jadis sur le monticule du Capitole, se compose de deux rondins de palmier appointés aux quatre bouts. Ce souvenir de quelque glorieux pèlerinage ne se montrait qu'enfermé dans un étui de bois doré, en forme de croix et percé de cinq lunettes, à travers lesquelles on apercevait le contenu. Les deux plus anciens sceaux de la commune de Besançon représentent ce vénérable monument, qui aujourd'hui se trouve dans la sacristie de l'église Saint-Maurice.

[2] « Iisdem temporibus, scilicet circa diem quartam novembris MCCXVIII, initus est tractatus inter ecclesiam Bisuntinam S. Joannis et Guidonem de Licla, prepositum ejusdem apud Majorram, de terra S. Mauritii Bisuntini, ita ut dictus Guido omne jus quod habebat in campo qui est a dicta S. Mauritii ecclesia *inferius* usque ad *Capitolium*. . . . . capitulo cederet. » (D. Berthod, *Dissertation sur les différentes positions de la ville de Besançon*, dans les *Documents inédits pour servir à l'histoire de Franche-Comté*, t. II, p. 335.)

[3] Voyez, à la planche I, le plan de Vesontio.

[4] Voyez, à la planche II, le plan du Capitole de Besançon.

grands marronniers[1]. C'est dans l'intérieur de Besançon, sur la plaine uniforme de sa presqu'île, le seul accident topographique qui ait pu se prêter à la dénomination de *monticulum*; et comme il occupe une portion du terrain que nos documents appellent *Capitolium* nul doute qu'il ne provienne des ruines du Capitole de Vesontio.

On nous demandera maintenant ce qu'est devenu ce nom traditionnel de *Capitolium*, qui servit jusqu'au xii° siècle à désigner notre monticule et les terrains qui l'avoisinent. Ce lieu-dit a-t-il disparu, ou bien s'est-il transformé de quelque façon en passant dans le langage moderne? De ces deux fortunes il a subi la seconde, et c'en est une excellente, au point de vue de notre démonstration. Il se conserve, sous une forme que personne ne comprend plus, dans un nom de rue qui, par une innovation maladroite, a cessé de nos jours de s'appliquer aux maisons adossées à la terrasse, mais qui, au siècle dernier, remplissait encore cette condition[2].

Cette rue, la *rue du Chateur*, ne s'est bâtie que dans la seconde moitié du xiii° siècle : les chartes de l'abbaye Saint-Paul en font foi[3]. Cette circonstance explique tout ensemble comment la procession des palmes accéda librement, jusqu'à cette époque, au monticule du Capitole, et pourquoi plus tard, la ligne des maisons faisant obstacle, il fallut transporter la station devant l'église Saint-Maurice. Antérieurement à ces constructions, les terrains qui les supportent sont appelés, dans les chartes latines, *mansi de Capitolio*[4]; mais, à

---

[1] La plus petite portion de notre massif fait également terrasse au fond de la maison de Mlle Laisné, rue des Granges, n° 70.

[2] «Rue du Chateur : depuis la place Dauphine [aujourd'hui place de l'État-Major] jusqu'à la rue Baron [aujourd'hui rue Moncey]. » (*Dénomination des différentes portes, rues, etc. de Besançon*, dans l'*Almanach de Besançon* pour 1776, p. 37.)

[3] A. Castan, *Origines de la commune de Besançon*, dans les *Mémoires de la Société d'émulation du Doubs*, 3° série, t. III (1858), p. 305.

[4] Charte de 1134 par laquelle Anséric, archevêque de Besançon, abandonne à l'abbaye Saint-Paul diverses redevances, entre autres «solidos duos in *manso Lamberti* de CAPITOLIO. » (*Preuve* n° viii de nos *Origines de la commune de Besançon*.) Une charte de décembre 1250, citée dans le même ouvrage, rappelle la mémoire de ce *Lambertus* de CAPITOLIO et le désigne sous le nom de *Lambertus de* CHATOYL. Voilà certes une garantie irrécusable de la filiation qui rattache les formes *Chatol* et *Chatoyl* au type *Capitolium*.

partir de 1247, la langue vulgaire ayant fait invasion dans les contrats, le mot latin *Capitolium* se convertit en *Chatol*, puis en *Chatoyl*, pour devenir ensuite *Chatoul*, *Chatour* et enfin *Chateur* [1].

V

Autant une solution erronée a besoin d'artifices de tous genres pour se soutenir, autant, quand on a rencontré le vrai, les arguments viennent s'y caser naturellement et sans efforts : les preuves archéologiques que nous allons fournir en seront un nouvel exemple.

Les constructeurs de Besançon savent que toute fouille faite dans le voisinage de notre monticule met invariablement en lumière des vestiges d'architecture du caractère le plus somptueux. Ce sont ordinairement des quantités énormes de débris de plaques de marbre vert et de marbre blanc, avec des échantillons de moulures de marbre blanc; puis ce sont des fûts de colonnes engagées et monolithes de schiste micacé gris, des chapiteaux corinthiens de marbre blanc, et les restes d'un entablement en cette précieuse matière. De ces indices, nombre de fois répétés, résulte pour nous la certitude que notre temple capitolin, revêtu à l'intérieur de panneaux de marbre vert encadré par des marbres blancs, montrait à l'extérieur de puissantes colonnes lisses engagées, formées de monolithes de schiste micacé gris, terminées par des chapiteaux corinthiens de marbre blanc, et supportant un entablement de pareil marbre du plus grand luxe et du plus bel art [2].

---

[1] «Simon Dambarbe de CHATOL vendit ecclesie S. Pauli tertiam partem furni de CHATOL, siti in territorio dicte ecclesie.» (1247, mense jan.) — «Humbertus et Johannes de S. Mauricio dant priori S. Pauli medictatem furni siti in CHATOYL, in introitu vici S. Pauli, in territorio dicte ecclesie.» (1250, mense jun.) — «Johannes, abbas S. Pauli, cedit Gerardo presbytero, curato de Buro, furnum de CHATHOIL et domum dicti furni.» (1260, mense maio.) — «Johannes de CHATOUL» est témoin d'une charte en 1305. (Archives du Doubs, fonds Saint-Paul.) — «Phelipons de CHATOUR» est cité parmi les contribuables de la commune de Besançon en 1291. (Registre municipal, I, fol. 68.)

[2] Voyez la planche d'architecture (pl. III) jointe à ce travail. Nous la devons, ainsi que les deux autres (pl. I et II), à la collaboration aussi distinguée qu'obligeante de MM. les architectes Alphonse Delacroix et Alfred Ducat. M. Delacroix a fourni la plupart des indications, et M. Ducat a exécuté les dessins.

Conformément à une disposition commune à tous les grands édifices religieux de l'antiquité, ce temple devait être enfermé dans une cour à portiques. Les fouilles faites en 1840 pour l'ouverture de la rue Moncey ont vérifié de point en point cette présomption. Toute une face de la clôture, plus un morceau du retour, furent mis alors à découvert; et un plan soigné, dû à M. l'architecte Marnotte, en fut publié par l'Académie de Besançon [1]. Plus récemment, les fouilles opérées pour la construction des égouts, en 1850 et 1863 [2], amenèrent un utile complément d'indications. Nous savons ainsi, d'une manière positive, que la cour de notre Capitole était, à l'intérieur, bordée de portiques [3]; que ceux-ci reposaient sur des colonnes d'ordre corinthien, dont les tambours, de pierre de Vergenne, paraissent avoir été revêtus de stuc : l'entablement complet était également en vergenne [4]. Dans les entre-colonnements régnaient des gradins conduisant à des édicules, alternativement demi-circulaires et carrés, qui s'ouvraient sur le portique et formaient saillie en dehors de l'enceinte; les assises extérieures de celle-ci étaient à bossages, comme si cette partie de la construction n'eût pas encore reçu la dernière main [5]. Ces édicules, ou *cellæ*, étaient probablement des chapelles, où les divinités locales, telles que le dieu Vesontio, Mars Ségomon, les déesses Mères [6], pouvaient, à l'ombre de la religion de l'État, conserver de modestes autels.

Le Capitole semble avoir eu son entrée sur la grande rue romaine, notre Grande-Rue actuelle, vers le point où l'on a rencontré, en 1863, deux torses de jeunes divinités de marbre blanc, qui, jetées sur la voie publique à l'époque de la ruine du temple,

[1] *Antiquités trouvées dans la rue Moncey, à Besançon, en 1840,* rapport fait à l'Académie, par M. P. Marnotte, le 20 janvier 1842 ; dans les *Mémoires de l'Académie de Besançon,* année 1842, 1re séance, p. 83-94, avec un plan des fouilles et une planche d'architecture.

[2] A. Delacroix, *Fouilles des rues de Besançon en 1863,* dans les *Mémoires de la Société d'émulation du Doubs,* 3e série, t. VIII (1863), p. 205-220.

[3] Voyez, à la planche II, le plan du Capitole de Besançon.

[4] Voyez la planche III.

[5] Voyez le plan de M. Marnotte, déjà cité.

[6] Ce sont les divinités locales que les inscriptions nous révèlent.

y avaient rempli longtemps le rôle de pavés [1]. Le derrière du Capitole aurait été, conséquemment, sur le morceau de rue des Granges si malencontreusement distrait de la rue du Chateur, et ce qui le démontrerait, ce sont les amoncellements énormes d'os d'animaux et de débris de poteries romaines sigillées qui se trouvèrent de ce côté, en 1840, contre les faces extérieures de la clôture, non loin d'une énorme souche de vigne, d'un creux d'eau avec gradins rustiques en bois et d'autres vestiges dénonçant l'existence d'un jardin [2].

L'ensemble du Capitole avait, en plan, la physionomie d'un rectangle dont les faces latérales mesuraient intérieurement environ 120 mètres, et les deux autres faces à peu près 80 mètres. Le temple occupait le milieu de cet espace.

VI

De ce que le temple capitolin de Rome avait donné son nom à la colline où il était assis et qui supportait également une citadelle, on en vint, dans les siècles d'ignorance, à ne faire qu'un tout des deux établissements, bien que l'antiquité les eût toujours distingués avec soin [3]. Il en est résulté une oblitération du sens réel de *Capitolium* et une application fréquente de ce mot à des enceintes fortifiées qui n'y avaient aucun droit. « Si l'on s'en rapportait, dit Scipion Maffei, à des légendes peu sincères de martyrs et à des écrits des bas siècles, qui ont confondu les noms des édifices de l'antiquité, on croirait que beaucoup de villes ont eu des Capitoles : il n'est pas de rocher qui n'ait été paré de ce vocable, même celui de Babylone, que saint Jérôme appelle *forteresse ou Capitole* [4]. » C'est également de cette fausse doctrine que procède l'erreur locale que nous espérons avoir détruite : il a suffi d'une malheureuse application du mot *Capitolium* à la citadelle de Besançon pour qu'ensuite nos historiens, ne se rendant pas compte de cette mé-

---

[1] Voyez ces deux morceaux de sculpture, à la planche III.

[2] Voyez, à la planche II, le plan du Capitole.

[3] Voyez les textes justificatifs dans le beau travail de Just Rycquius, *De Capitolio romano commentarius*; Lugd. Batav. 1669, in-12, c. v.

[4] Scip. Maffei, *Verona illustrata*, t. I, col. 121.

prise, aient systématiquement négligé les seuls textes capables de les conduire au vrai.

Ce genre d'erreur, pour être le principal et le plus fréquent, n'est pas le seul qui ait dévoyé les érudits dans la recherche des temples faits à l'image du Capitole romain : aussi croyons-nous utile de déterminer, par des exemples, le degré de confiance qu'il y a lieu d'accorder, à ce point de vue spécial, aux divers ordres de documents que le passé nous a légués.

Inscriptions.

Plaçons en première ligne les inscriptions romaines : contemporaines des faits qu'elles énoncent et d'une incomparable précision de langage, elles doivent, quand elles ont été bien lues, satisfaire aux exigences de la plus rigoureuse critique.

Six Capitoles provinciaux nous ont été révélés par cette voie. L'inscription de Vérone est relative au redressement dans le forum d'une statue qui gisait renversée au Capitole de cette même ville [1]. Celle de Faléries, qui date de l'an 140 de notre ère, constate le percement, à travers le forum, d'une rue nouvelle aboutissant à un arc voisin du Capitole [2]. L'inscription de *Marruvium Marsorum* (San Benedetto,

---

[1] HORTANTE·BEATITVDINE
TEMPORVM DDD·NNN
GRATIANI VALENTINIANI
ET THEODOSI AVGGG
STATVAM IN CAPITOLIO
DIV IACENTEM IN
CEREBERRIMO FORI
LOCO CONSTITVI
IVSSIT VAL·PALLADIVS
VC·CONS·VENET·ET HIST

(Orelli, *Inscriptiones Latinæ*, n° 68.)

[2] IMP·CAESARE
TRAIANO HADRIANO
AVGVSTO III COS
VIA NOVA STRATA LAPIDE

près Pescina) relate un fait analogue, l'empierrement d'une rue derrière le Capitole [1]. A *Histonium* (Il Vasto d'Aimone), il s'agit d'une restauration du Capitole, vers le II° siècle de notre ère, par un certain Fabius Maximus [2]. Les inscriptions de l'Algérie, si savamment éditées par M. Léon Renier, font connaître deux Capitoles dans cette contrée : l'un à *Thamugas,* dont le portique fut reconstruit sous les empereurs Valentinien et Valens [3]; l'autre à *Cirta* (Constantine), qui renfermait plusieurs statues d'argent, entre autres

PER MEDIVM FORVM PECVAR
A SVMMO VICO LONGO AD
ARCVM IVNCTVM CAPITOLIO
EX CONLATIONE MANIPRETII
POSSESSORVM CIRCA FORVM ET NE
GOTIANTIVM, etc.

(Morcelli, *Opera epigraph.* t. III, p. 101.— Orelli, *Inscript.* n° 3314.)

[1] . . . OCTAVIVS · LAENA . .
. . . CERVARIVS · P . F . .
IIII · VIR · QVINQ ·
VIAM · POST · CAPITOLIV . . .
SILICE · STERNEND · EX · D · D . . .
LOCARVNT · IDEMQ · PROBA . . .

(Mommsen, *Inscript. regni Neapol. Lat.* n° 5501.)

[2] . . APITOLIV . .
. . ABIVS · MAXIM . .
V · C ·
. . NSTAVRAV . .

(Mommsen, *Inscript. regni Neapol. Lat.* n° 5242.)

[3] Cette inscription étant trop développée dans le sens horizontal pour pouvoir être reproduite ici avec des caractères épigraphiques, nous nous bornerons à donner l'excellente interprétation qu'en a faite M. Léon Renier : « Pro magnificentia sæculi d(ominorum) n(ostrorum) Valentiniani et Valentis, semper Augustorum, [quat]tuor porticus Capitolii, serie vetustatis absumptas et usque ad ima fundamenta c[onlapsas], novo opere perfectas exornatasque dedicavit Publilius Caeionius Caecin[a Albi]nus, vir clarissimus, consularis, curantibus Aelio Iuliano, iterum rei publicae [curatore], Fl(avio) Aquilino, f(lamine) p(er)p(etuo), Antonio Petroniano, f(lamine) p(er)p(etuo), Antonio Ianuariano, f(lamine) p(er)p(etuo). » (*Inscriptions romaines de l'Algérie,* n° 1520; cf. Henzen, n. 6980.)

une effigie de Jupiter, la tête ceinte d'une couronne de chêne, tenant de la main droite une statuette de la Victoire, et de la gauche une haste [1]. Ces deux derniers Capitoles occupaient des hauteurs [2].

Écrivains antiques.

Jusqu'à l'époque des Antonins, le mot *Capitolium* affecte un sens précis sous la plume des écrivains romains ou gréco-latins ; il ne désigne jamais autre chose qu'un temple consacré à la trinité supérieure de l'Olympe antique : Jupiter, Minerve et Junon. Mais à partir des grandes discordes qui préparèrent le démembrement

[1] SYNOPSIS

IOVIS · VICTOR · ARGENTEVS
INKAPITOLIO·HABENS·INCAPITE·CO
RONAM · ARGENTEAM · QVERQVEAM
FOLIOR·XXV · INQVA·GLANDES·N̄·XV·FE
RENS·INMANV·DEXTRA·ORBEM·ARGEN
TEVM·ETVICTORIA·PALMAM·FERENTEM
XX · ETCORONAM · FOLIOR·XXXX·
SINISTRA·HASTAM·ARG·TENENS

ARGENTEVM IN	LVM
KAPITOLIO	KAPITOLIO
EX H̶S̶ C̶C̶C̶X̶I̶I̶	H̶S̶ C̶C̶C̶X̶I̶I̶

(Léon Renier, *Inscriptions romaines de l'Algérie*, nᵒˢ 1890, 1892 et 1893.)

[2] M. Léon Renier, à la généreuse érudition duquel nous devons la connaissance des cinq inscriptions qui précèdent, a bien voulu nous fournir en outre les renseignements suivants sur les ruines des Capitoles de Thamugas et de Cirta :

« J'ai vu les ruines du Capitole de Thamugas. Le portique dont parle l'inscription est renversé ; mais les colonnes y sont encore, couchées les unes à côté des autres. Le temple s'élevait sur une colline, à l'ouest de la cour formée par le portique. Sa façade était ornée de quatre colonnes monolithes, qui sont également renversées, et dont les dimensions sont telles que j'ai pu cheminer, comme en un sentier, dans une des cannelures de l'une d'elles.

« Le Capitole de *Cirta* (Constantine) était situé dans la partie la plus élevée de la ville, où se trouve aujourd'hui la Casbah. J'en ai vu également les ruines, qui ne subsistent plus aujourd'hui : elles ont fait place à l'hôpital militaire. Le temple était plus beau et plus grand encore que celui de Thamugas. Sa façade dominait le grand escarpement au pied duquel coule le Rummel, à 200 mètres plus bas. »

de l'empire, la notion des termes officiels du régime qui s'amoin-
drissait devient de plus en plus confuse. Le mot *Capitolium* subit
la loi commune : les uns, comme saint Jérôme [1] et saint Isidore [2],
lui donnent, par une analogie mal entendue, le sens erroné de citadelle; d'autres, tels que saint Cyprien [3], saint Zénon [4] et beaucoup de petits poëtes [5], en font le vocable générique de toute église
païenne. Il y a donc lieu de distinguer entre les témoignages four-
nis par les écrivains : chez ceux qui datent d'avant le IIIe siècle, le
mot *Capitolium* seul peut être pris à la lettre; mais, de la part de
ceux qui sont postérieurs, il faut exiger une caractérisation plus
minutieuse.

Les écrivains du Haut-Empire ne mentionnent que trois Capitoles dans les villes provinciales de l'Italie : celui de Capoue, qui
fut dédié par l'empereur Tibère [6], et dont Silius Italicus nous dé-
peint la situation en lieu élevé [7]; celui de Bénévent, où l'on dressa
une statue de marbre au grammairien Orbilius Pupillus [8]; enfin

[1] « Arx autem, id est Capitolium illius urbis [Babylonis]. » (Hieronymi *Comment.
in Esaiam,* c. XIII.)

[2] « Arx (id est) Capitolium. » (Isidor. *Etymol.*)

[3] « Quid superest quam ut ecclesia Capitolio cedat ? » (Cæcil. Cypriani *epist.* LV.)

[4] « Judæi fortasse cultius Synagogas ædificant; Gentiles cultius erigunt Capitolia. » (Zenonis *Sermo de ædific. domus Dei.*)

[5] « Ipsa suis Christum Capitolia Romula mœrent
    Principibus lucere Deum....... »
                        (Prudentii *Apotheosis in Judæos.*)

[6] « Peragrata Campania, quum Capuæ Capitolium, Nolæ templum Augusti,
quam causam profectionis prætenderat, Capreas se contulit. » (Suetonii *Tiberius,*
c. XL.) — « Tandem Cæsar [Tiberius] in Campaniam, specie dedicandi templa,
apud Capuam Jovi, apud Nolam Augusto, sed certus procul urbe degere... »
(Taciti *Annales,* l. IV, c. LVII.)

[7] « Exin victor ovans sedato pectore tandem
    Spectandis urbis tectis templisque serenos
    Lætus circumfert oculos, et singula discit :
    ....monstrant Capitolia celsa. »
                        (Sil. Ital. *Punicorum* l. XI.)

[8] « Statua ejus [Orbilii Pupilli] Beneventi ostenditur in Capitolio, ad sinistrum
latus, marmorea, habitu sedentis ac palliati, appositis duobus scriniis. » (Sueton.
Illustres grammatici, c. IX.)

celui de Pompéi, dont parle Vitruve, à propos des décorations en
terre cuite ou en bronze doré qui pouvaient être placées, suivant
une mode venue des Étrusques, au faîte des temples aréostyles,
c'est-à-dire ayant des colonnes très-espacées [1].

Personne, à notre connaissance, ne s'est encore occupé de re-
pérer ce Capitole de Pompéi : un coup d'œil nous a cependant suffi
pour le reconnaître dans un édifice qui occupe le fond du principal
forum de cette ville et dont le péristyle, auquel on accède par
deux escaliers, est précédé d'une vaste plate-forme organisée en
vue des harangues. Ce monument, d'un caractère mixte, a été
successivement appelé, depuis sa découverte en 1816 et 1817,
Curia, Ærarium, Senaculum, jusqu'à ce que la trouvaille, faite
dans son intérieur, d'une tête colossale du maître des dieux, lui
ait valu le nom de *temple de Jupiter* [2]. Les objections n'ont pas
manqué contre ce dernier baptême : on lui a particulièrement op-
posé les trois petites chambres voûtées qui terminent la *cella* de
l'édifice. Mais cette disposition, qui semblait exclure l'idée d'un
temple ordinaire, appelle au contraire l'attribution de Capitole,
le caractère de ce genre de monument étant de réunir trois sanctuaires sous un même toit.

Les grandes villes de l'Orient, à mesure qu'elles tombèrent sous
les coups de la fortune de Rome, durent, en réparant leurs ruines,
solliciter ou subir l'honneur de posséder un Capitole. Antiochus
Épiphane donna le premier exemple de cette flatterie envers la
métropole du monde. « A Antioche, dit Tite-Live, il commença,
sans pouvoir l'achever, un temple magnifique de Jupiter Capitolin,
où l'on ne voyait que lames d'or, tant sur les lambris que sur les
parois [3]. » Corinthe, devenue romaine, eut aussi son temple de

---

[1] « Ornant signis fictilibus aut æreis inauratis earum [ædium aræostylium]
fastigia, Tuscanico more, uti est ad circum maximum Cereris et Herculis, Pom-
peiani item Capitolii. » (Vitruvii *Architectura,* l. III, c. ii.)

[2] Mazois et Gau, *Ruines de Pompéi,* t. III, p. 48-50, pl. XXX-XXXVI.

[3] « Antiochiæ Jovis Capitolini magnificum templum, non laqueatum auro tantum, sed parietibus totis lamina inauratum, et alia multa in aliis locis pollicitus,
quia perbreve tempus regni ejus fuit, non perfecit. » (Titi Livii *Histor.* l. XLI,
c. xx.)

Jupiter Capitolin, plus haut que son théâtre[1], mais non dans
l'Acrocorinthe ou citadelle. Carthage dut peut-être son Capitole
aux libéralités de l'empereur Auguste : nous savons toutefois que
cet édifice était devenu, au IV° siècle, l'*ærarium* général de la province d'Afrique[2]. En reconstruisant Jérusalem, Hadrien ne crut
pouvoir mieux remplacer que par un Capitole le fameux temple
des Juifs : de cette circonstance la ville tira son nouveau vocable
Ælia Capitolina[3]. Byzance avait eu probablement un Capitole avant
que Constantin y transférât le siége du gouvernement impérial :
ce monument, situé vers le centre de la ville et contigu au forum
de Théodose, était encadré par des portiques, qui plus tard servi-
rent d'*atrium* aux auditoires des cours publics[4].

Parmi les villes de la Gaule, nous ne trouvons qu'Autun et Narbonne qui aient, sur l'existence de leurs Capitoles, des témoignages
d'écrivains appartenant à la période romaine. A *Augustodunum*
(nous le savons par le rhéteur Eumène), les fameuses écoles Mé-
niennes s'ouvraient sur la grande voie impériale, entre le temple
d'Apollon et le Capitole, édifices qui brillaient au milieu de la
ville et en étaient comme les deux yeux. Eumène se félicite de ce
que, en raison de ce voisinage, les accents de l'éloquence puissent
directement arriver aux trois divinités capitolines : Jupiter, père
des hommes; Minerve, protectrice des sociétés; Junon, déesse de
la paix[5]. Pour Narbonne, nous avons à faire parler deux poëtes,

---

[1] Ὑπὲρ δὲ τὸ θέατρόν ἐστιν ἱερὸν Διὸς Καπετωλίου, φωνῇ τῇ Ῥωμαίων· κατὰ
Ἑλλάδα δὲ γλῶσσαν, Κορυφαῖος ὀνομάζοιτ' ἄν. (Pausan. *Descript. Græciæ*, l. II,
c. IV.)

[2] *Constitut.* Theodosii et Valentiniani *De annona et tributis*, n° XXXIV.

[3] Ἐς δὲ τὰ Ἱεροσόλυμα πόλιν αὐτοῦ ἀντὶ τῆς κατασκαφείσης οἰκίσαντος, ἣν καὶ
Αἰλίαν Καπιτωλίναν ὠνόμασε, καὶ ἐς τὸν τοῦ ναοῦ τοῦ Θεοῦ τόπον, ναὸν τῷ Διὲ
ἕτερον ἀντεγείραντος, πόλεμος οὔτε μικρὸς οὔτ' ὀλιγοχρόνιος ἐκινήθη. (Dion Cass.
l. LXIX.)

[4] *Urbis Constantinopolitanæ descriptio*, reg. VIII, apud *Notit. dignitatum*, edit.
Pancirolo. — Theodosii jun. leges *De studiis liberalibus* et *De operibus publicis.* —
Cf. Petri Gyllii *Topographia Constantinopoleos*, l. III, c. VII; — Ducange, *Historiæ
Byzantina*, t. II, l. I, c. XVI.

[5] «Quid autem magis in facie vultuque istius civitatis situm est, quam hæc
eadem Meniana, in ipso transitu advenientium huc invictissimorum principum

Ausone et Sidoine. Le premier signale dans cette ville un temple
en marbre de Paros, dont les proportions grandioses auraient stu-
péfié le fondateur et les restaurateurs du Capitole romain[1]. Le second, énumérant les délices de Narbonne, dit cette ville célèbre
par *ses Capitoles*[2]. Si cet ablatif pluriel était isolé, il pourrait, chez
un poëte qui parle déjà la langue de la décadence, être considéré
comme un synonyme générique de *temples;* mais le mot *delubris*
qui le précède remplissant déjà cette fonction, il n'y a pas lieu de
recourir à une telle hypothèse : *Capitoliis* devra donc être entendu
ici dans le sens restreint de *Capitole,* et sa désinence plurielle s'ex-
pliquera surabondamment par les nécessités de la mesure du vers.
Il y a d'ailleurs à Narbonne un lieu que les chartes nomment invariablement, suivant qu'elles sont latines ou romanes, *Capitolium*
et *Capdueil*[3], et de ce point, qui est le plus élevé de la ville, on a

constituta..... quasi inter ipsos oculos civitatis, inter Apollinis templum et
Capitolium?..... Quis enim melior usus eloquentiæ quam ubi, ante aras quo-
dammodo suas, Jovios Herculiosque audiant prædicari Jupiter pater, et Minerva
socia, et Juno placata?» (Eumenii *Oratio pro restaurandis scholis,* habita Au-
gustoduni anno 296, c. IX et x. — Cf. Edme Thomas, *Histoire de l'antique cité
d'Autun,* publ. en 1846 et annotée par la Société éduenne, p. 55, 133 et 140.)—
Les données archéologiques sont d'accord avec le texte d'Eumène pour déterminer l'emplacement central du Capitole d'Augustodunum : je tiens cette assu-
rance de M. G. Bulliot, qui connaît si parfaitement le sous-sol de la capitale
romaine des Édues.

[1] «Quodque tibi quondam Pario de marmore templum

    Tantæ molis erat, quantam non sperneret olim

    Tarquinius, Catulusque iterum, postremus et ille

    Aurea qui statuit Capitoli culmina Cæsar ? »

                (Ausonii *Carmen* ccxcvii, § 13 : *Narbo.*)

[2] «Salve Narbo, potens salubritate,

    . . . .

    «Delubris, Capitoliis, monetis,

    «Thermis, arcubus. . . . . »

              (Sidonii Apollin. *Carmen* xxiii.)

[3] Catel, *Mémoires pour l'histoire du Languedoc.* — Ménard, *Histoire de la ville de
Nismes,* t. VII, p. 115. — *Gallia christiana,* t. VI, pr., col. 21. — Chartes des archives de la ville de Narbonne, de 1275 à 1352, dont le sommaire m'a été obli-
geamment communiqué par M. Tournal.

exhumé quantité de magnifiques débris d'architecture en marbre blanc, ce marbre de Paros signalé par Ausone [1].

Actes des saints.

Si nous avons établi des degrés dans la confiance à accorder aux écrivains de profession, à plus forte raison devrons-nous faire des réserves au sujet de ces légendes, la plupart anonymes et de date incertaine, qui relatent les actes des saints. Pour celles qui ont trait aux martyrs de la primitive Église, les seules qui doivent nous occuper aujourd'hui, on peut les assimiler à un drame dont le thème fondamental est généralement réel, mais où les détails sont plus ou moins imaginaires, suivant que l'auteur a vécu plus ou moins loin, comme temps et comme espace, des événements qu'il rapporte et des lieux qu'il décrit. Le mot *Capitolium*, qui y intervient fréquemment, n'est souvent qu'un lieu commun introduit pour les besoins de la mise en scène, et alors il n'a aucune valeur historique. On ne devra lui accorder créance que s'il se trouve dans une rédaction réellement originale, et s'il y est entouré de circonstances suffisamment caractéristiques pour écarter la supposition d'une périphrase banale.

Commençons par les légendes qui nous ont paru remplir cette double condition.

Les actes des martyrs Félix et Fortunat nous montrent le préfet impérial Apollinaire arrivant à Aquilée, débutant par un sacrifice dans le temple de Jupiter, puis envoyant un héraut par la ville pour enjoindre à tous d'apporter des offrandes au Capitole de Jupiter [2].

Plus instructif encore est le récit de la passion de saint Apollinaire, à Ravenne. Le persécuteur lui demande s'il ignore le nom de Jupiter, de ce souverain habitant du Capitole de la cité; puis il le conduit dans ce grand temple, merveilleusement orné, où il lui fait voir, avec l'assistance des prêtres du Capitole, la statue de

---

[1] Un fragment de soffite en marbre blanc, que l'on dit provenir du Capitole, existe au musée de Narbonne : «indication d'une grande conséquence, veut bien m'écrire mon savant maître M. J. Quicherat; car si l'entablement était de marbre, le temple tout entier était en cette matière.»

[2] *Acta sanctorum*, junii t. II, 11 jun.

l'invincible maître de l'Olympe, en l'invitant à brûler de l'encens devant la majesté de Jupiter tonnant. « Ce Capitole, ajoute la légende, ne renfermait pas moins de trois cents autels. » Une vie plus sommaire du même martyr affirme qu'Apollinaire, après son refus de sacrifier, fut envoyé, chargé de fers, dans une prison peu éloignée du Capitole de Ravenne [1].

La passion des saints Faustin et Jovita offre une peinture analogue. La scène est d'abord à Brescia : l'empereur Hadrien se fait dresser un trône dans le Capitole de cette ville, afin de contraindre les deux confesseurs à brûler de l'encens sur l'autel de Jupiter. La procédure est continuée ensuite à Milan, et là le tribunal est installé, non plus dans un Capitole, mais dans les thermes d'Hercule, où étaient les statues d'Hercule et de Saturne [2].

Le Capitole de Capoue, indiqué déjà par Suétone et Tacite, joue un rôle dans les actes des saints Rufus et Carponius ; il y est dit que ce temple fut détruit par le feu du ciel [3].

Entre les Capitoles provinciaux de la Gaule, il n'en est pas de plus généralement connu que celui de Toulouse ; et cependant le motif qui l'a rendu populaire, l'appellation *Capitoulat* affectée au corps municipal de la ville, n'y a trait en aucune sorte : cette désignation nous paraît procéder de ce que, au XIIᵉ siècle, les prud'hommes toulousains siégeaient comme en chapitre (*in capitulo*) dans l'église Saint-Quintin [4]. Or on a de nombreux exemples de la transformation, sous la plume des écrivains du moyen âge, de *capitulum* en *capitolium* : témoin cette charte angevine du XIᵉ siècle [5] où figure un *capitolium Sancti Mauritii* [6]. Faut-il ce-

---

[1] *Acta sanctorum*, julii t. V, 23 jul.

[2] *Acta sanctorum*, februarii t. II, 15 febr. — Cf. Octav. Rubei *Monumenta Brixiana*, p. 27, tab. 9, ap. Grævii *Thes. antiq. Ital.* t. IV, partie 2.

[3] *Acta sanctorum*, augusti t. VI, 27 aug.

[4] « Sciendum est quod Fortil de Moliverneta venit cum multis probis hominibus ante capitulum S. Quintini, ubi capitularii erant tunc congregati. » (Charte de 1175, citée par Catel, *Mémoires pour l'histoire du Languedoc*, p. 125. — Cf. Raynal, *Histoire de Toulouse*, p. 460.)

[5] Godard-Faultrier, *Constructions gallo-romaines de l'Anjou*, dans le Congrès archéologique de France, 29ᵉ session, 1862, p. 32.

[6] Témoin encore ce passage d'une légende monastique de l'Allemagne : « Fra-

pendant douter de l'existence d'un Capitole dans la Tolosa romaine? Nous ne le pensons pas. Les actes de saint Sernin, qui ont tous les caractères d'une version originale, placent le Capitole de Toulouse entre la maison de cet apôtre et la chapelle qu'il avait fondée [1] : rapprochement qui indique bien que, par Capitole, le rédacteur entendait un temple païen. Grégoire de Tours [2], Sidoine [3] et Fortunat [4] sont d'accord avec cette interprétation, car ils placent au Capitole de Toulouse les scènes de la passion du saint évêque.

Le récit du martyre de sainte Afre, qui est tenu pour très-ancien, nous montre le juge Gaïus engageant sa victime à se rendre au Capitole d'*Augusta Vindelicorum* (Augsbourg) pour y sacrifier [5]. Mais aucun déterminatif n'accompagnant ce mot *Capitolium*, nous ne savons encore s'il y a lieu de lui accorder le sens spécial de Capitole.

En s'appuyant sur les actes de saint Tyrse et de saint Euchaire, on a voulu chercher à Trèves un Capitole. Mais d'abord ces deux légendes, écrites au XIᵉ siècle, rentrent dans la catégorie de celles dont nous récusons le témoignage quand il s'agit des choses de l'antiquité; puis, lors même qu'on l'accepterait, ce témoignage serait encore loin d'être positif. En effet, le biographe de saint Tyrse constate seulement que Trèves était, par ses édifices et ses magistratures, une seconde Rome [6]; et quant à l'auteur de la Vie de saint Euchaire, il se borne à mentionner les intrigues dont son héros fut l'objet de la part des *prêtres du Capitole* [7], expression qui, dans la langue patrologique, veut dire tout simplement les *prêtres de l'Église païenne.*

Nous ne nous arrêterons pas davantage sur une légende écrite à

tribus ad capitolium consedentibus, coquinam intravit. » (*Vita B. Meinwerci,* apud Paderborn, inter *Acta sanctorum,* junii t. I, 5 jun.)

[1] *Passio S. Saturnini,* apud Ruinart, *Acta primor. martyr. sincera,* p. 130.

[2] *Histor. Francor.* l. I, c. XXVIII. — *Gloria martyr.* l. I, c. XLVIII.

[3] *De S. Saturnino.*

[4] L. II, carm. VIII.

[5] *Passio S. Afræ,* apud Ruinart, *Acta primor. martyr. sincera,* p. 455.

[6] *Acta sanctorum,* octobris t. II, 4 oct.

[7] *Acta sanctorum,* januarii t. II, 29 jan.

Embrun, d'après la relation rustique d'un abbé espagnol, laquelle nous représente un président de la province d'Espagne, sous Dioclétien, venant à Roda, en Catalogne, fonder un Capitole[1].

Nous ne pensons pas qu'il y ait lieu de faire plus de cas d'un passage des actes de sainte Macre, écrits vraisemblablement à l'époque carolingienne, où il est question d'un Capitole, évidemment imaginaire, qui aurait décoré la bourgade de Fismes, près de Reims[2].

Chroniques du moyen âge.

Entre les diverses altérations du sens de *Capitolium*, nées avec le déclin des lettres latines, les chroniqueurs laïques du moyen âge ont opté pour la synonymie erronée de ce terme avec *forteresse*. Nous en avons un exemple dans le passage de la chronique d'Aymar de Chabannais, où le château fort de Saintes est appelé *Capitolium*[3]. On est parti de là pour chercher à Saintes les vestiges d'un Capitole; et comme cette ville a joui d'une véritable splendeur à l'époque romaine, on a trouvé dans les débris architectoniques sortis de son sol de quoi reconstituer plusieurs temples. Mais tous les temples n'étaient pas des Capitoles, et aucun de ceux qui ont été rencontrés à Saintes n'étant ainsi qualifié ni par des textes antiques ni par la tradition[4], le propos du chroniqueur précité doit être considéré comme une figure de rhétorique.

Lieux-dits.

Dans les enquêtes de l'histoire, comme dans celles de la justice, deux catégories de témoins sont particulièrement appréciables : ceux qui ont pleine connaissance de faits qu'ils ont vus, puis ceux qui répètent naïvement et sans parti pris d'aucune sorte ce qu'ils ont

---

[1] *Acta sanctorum Vincentii, Orontii et alior.* apud *Acta sanctorum*, januarii t. II, 22 jan.

[2] *Acta sanctorum*, januarii t. I, 6 jan. — Cf. G. Marlot, *Histoire de Reims*, t. I, p. 505-507.

[3] *Scriptor. rer. francic.* édit. Bouquet, t. X, p. 150.

[4] La Sauvagère, *Recueil d'antiquités dans les Gaules*, p. 16-18. — Chaudruc de Crazannes, *Antiquités de la ville de Saintes et du département de la Charente-Inférieure*, p. 20-28.

entendu dire. Les lieux-dits sont dans ce dernier cas. Ils peuvent être comparés à un écho inconscient, qui transmet à travers les âges des mots se rapportant à un ordre de choses depuis longtemps disparu. Dans son parcours, la formule de cet écho aura pu subir plus d'une inflexion tenant à la nature des parois qui l'auront recueillie pour la répercuter ; mais l'essentiel sera que la chaîne des vibrations n'ait pas été interrompue, ni même déviée, par une immixtion réfléchie. En d'autres termes, le lieu-dit n'aura de valeur qu'à la condition de procéder entièrement de la tradition populaire et de n'avoir été remanié par aucune plume ingénieuse ou savante.

Quatre Capitoles nous sont connus par cette source d'informations : celui de Vesontio dont nous avons longuement traité, ainsi que ceux de Florence, de Cologne et de Nîmes.

A Florence, le souvenir du Capitole a fourni le surnom d'une petite église contiguë à la place du Vieux-Marché, qui passe à juste titre pour l'ancien forum de la ville. Cette humble basilique s'appelle *Sainte-Marie du Capitole* [1].

Les mêmes circonstances se retrouvent à Cologne. Cette seconde Sainte-Marie du Capitole occupe le sommet d'un léger pli de terrain qui va mourir sur les bords du grand fleuve. Les chroniques locales rapportent la fondation de cette église monastique à Plectrude, épouse répudiée de Pepin de Herstal ; elles ajoutent que la malheureuse princesse utilisa dans ce but le Capitole ou palais des ducs d'Austrasie [2]. Qu'il y ait ou non quelque chose de fondé dans cette histoire, peu importe au but que nous poursuivons : nous n'avons à retenir que le vocable *Sainte-Marie du Capitole*, qui nous paraît extrêmement significatif.

Les chartes de Nîmes désignent sous le nom de *Sanctus Stephanus de Capitolio*, devenu ensuite *Saint-Étienne du Capdueil*, une pe-

---

[1] Villani, *Historia universalis*, l. I, c. xxxviii, apud Muratori, *Rer. Ital. script.* t. XIII. — Poggii *Historia Florentina*, l. I, apud Græv. *Thes. antiq. Ital.* t. VIII, 1ʳᵉ partie. — Voyez, dans le même volume de Grævius, le n° 105 d'un plan perspectif de Florence.

[2] Ægid. Gelenii *De magnitudine Coloniæ*, p. 323. — Mabillon, *Annales ordinis Sancti Benedicti*, t. I, p. 689. — Lecomte, *Annales ecclesiastici Francor.* t. IV, p. 213-214. — *Gallia christiana*, t. III, col. 770. — Cf. *Acta sanctorum*, septembris t. IV, 14 sept.

tite église qui joignait la Maison-Carrée. Les érudits du xvie siècle en avaient conclu que ce beau temple antique avait été le Capitole de la colonie de Nîmes [1]. Cette attribution nous semble avoir conservé toute sa force, la seule objection qui lui ait été faite consistant à dire qu'un Capitole ne se conçoit qu'en lieu haut et fortifié [2].

Ce dernier préjugé, devenu populaire à force d'avoir été reproduit, est sans doute l'origine du nom de *Capitole* donné par les habitants du bourg de Cailly (Seine-Inférieure) à leur château du moyen âge [3] : aussi, malgré la richesse du lieu en antiquités romaines, ne citerons nous ce prétendu Capitole que pour montrer que les lieux-dits comportent aussi des chances d'erreurs.

VII

Dans l'examen critique que nous venons de faire des sources à mettre en œuvre pour retrouver les Capitoles provinciaux du monde romain, vingt-quatre de ces édifices nous ont paru suffisamment constatés : onze en Italie, ceux d'Aquilée, de Vérone, de Capoue, de Bénévent, de Florence, de Brescia, de Ravenne, de Faléries, d'*Histonium,* de *Marruvium Marsorum* et de Pompéi ; six dans les Gaules, à Narbonne, à Nîmes, à Toulouse, à Autun, à Besançon et à Cologne ; quatre en Orient, dans les villes d'Antioche, de Corinthe, de Constantinople et de Jérusalem ; trois en Afrique, à Carthage, à *Cirta* et à Thamugas.

Essayons maintenant, au moyen des données ainsi recueillies, de déterminer les conditions d'origine, de situation et d'existence de ce genre d'édifices.

Dans les provinces, aussi bien qu'à Rome, on entendait par Capitole un temple à trois sanctuaires, dédié aux trois divinités principales de la religion officielle : la nef centrale était consacrée à Jupiter, celle de droite à Minerve, celle de gauche à Junon. Ac-

---

[1] Poldo d'Albenas, *Discours historial de l'antique cité de Nismes,* Lyon, 1560, in-folio, p. 73-80. — G. Bruin, *Civitates orbis terrarum,* Colon. 1572, in-folio, art. *NEMAUSUS.*

[2] Ménard, *Histoire de la ville de Nismes,* t. VII, p. 34 et 115.

[3] L'abbé Cochet, *La Seine-Inférieure historique et archéologique,* 2e édition, p. 196-197.

cessoirement, d'autres divinités y étaient admises pour faire cortége aux images des maîtres du lieu [1]. Trois flamines y présidaient à l'exercice du triple culte [2]. Les parois extérieures du temple servaient sans doute, comme à Rome, à fixer les tables des lois [3] et les étalons des mesures [4]. Sous les portiques qui encadraient le monument [5], on plaçait les statues et les bustes des hommes célèbres à qui les municipalités provinciales décernaient cet insigne honneur [6]. Enfin, comme dans certaines circonstances le sénat de Rome s'assemblait au Capitole de la grande ville [7], il est probable que, dans la plupart des autres localités pourvues d'un édifice analogue, ce Capitole faisait fonction de Curie.

Bien que Vitruve eût posé ce principe que les temples des dieux tutélaires, tels que Jupiter, Junon et Minerve, devaient être placés en lieu aussi éminent que possible, afin d'avoir vue sur la plus grande partie des murailles [8], cette recommandation ne fit pas loi pour l'assiette des Capitoles. Dans beaucoup de villes, surtout quand les hauteurs étaient déjà pourvues d'autres sanctuaires, on assigna au Capitole une position centrale, ce qui d'ailleurs le rendait plus accessible et plus apte aux divers services que nous avons énumérés. Sur douze Capitoles dont nous connaissons les emplacements, six, qui sont ceux de Capoue, de Cirta, de Thamugas, de Narbonne, de Cologne et de Jérusalem, siégeaient sur des éminences; tandis qu'un pareil nombre, ceux de Pompéi, de Corinthe, de Florence, de Nîmes, d'Autun et de Besançon, étaient fondés en terrain plan.

---

[1] J. Rycquii *De Capitolio romano*, c. XXIV et XXV. Capitoles de Ravenne et de Besançon.

[2] Voyez l'inscription, citée plus haut, du Capitole de Thamugas.

[3] J. Rycquii *op. cit.* c. XXX.

[4] Gruter, *Corpus inscript.* p. CCXXIII, n° 3.

[5] Capitoles de Besançon, de Thamugas, de Pompéi et de Constantinople.

[6] Capitole de Bénévent.

[7] Συνῆλθον οὖν οὐκ ἐς τὸ σύνηθες συνέδριον ἀλλ' ἐς τὸν τοῦ Διὸς νεὼν τοῦ Καπετωλίου, ὃν σέβουσι Ῥωμαῖοι ἐν ἀκροπόλει. (Herodiani *Hist.* l. VIII, c. x, § 2.)

[8] « Ædibus vero sacris, quorum deorum maxime in tutela civitas videtur esse, ut Jovi et Junoni et Minervæ, in excelsissimo loco, unde mœnium maxima pars conspiciatur, areæ distribuantur. » (Vitruvii *Architectura*, l. I, c. VII.)

Les Capitoles provinciaux paraissent résulter de concessions gracieuses du gouvernement impérial, et cette nature de faveurs semblerait avoir été exclusivement le lot des colonies, c'est-à-dire des villes admises à jouir de la plénitude des institutions romaines. En effet, sur les vingt-quatre Capitoles que nous avons reconnus, vingt-trois appartiennent à des localités soumises au droit colonique[1]; et quant à celui de *Marruvium Marsorum,* qui pourrait

[1] Antioche, métropole de la Syrie, érigée en colonie par Caracalla. (Pauli lib. II *De censibus.* — Vaillant, *Numismata colon.* t. II, p. 35.)

Autun : la persistance de son nom individuel (Augustodunum) est une preuve de sa condition colonique.

Aquilée, qualifiée colonie par Pline (l. III, c. xxii) et par Ptolémée (l. I, c. xv).

Bénévent, colonie fondée par Néron sous le vocable *Concordia.* (Frontini *De coloniis.* — Plin. l. III, c. xvi.)

Besançon, *Colonia Sequanorum,* dit une inscription que nous avons citée.

Brescia était, au dire de Pline (l. III, c. xxiii), l'une des colonies de la région méditerranéenne.

Capoue, colonie fondée par Jules César, avec le surnom de *Julia Felix.* (Frontini *De coloniis.* — Sueton. *Cæsar,* c. lxxxi.)

Carthage, première colonie créée par Rome en dehors de l'Italie, sous le nom de *Junonia;* rétablie par Jules César avec le vocable de *Julia Carthago,* l'an 710 de Rome. (Velleius, l. II, c. xv. — Plutarchi *C. Gracchus,* c. x et xi; *Cæsar,* c. lvii. — Dion Cass. l. XLIII.)

Cirta, colonie fondée par P. Sittius, sous les auspices de Jules César. (Plin. l. V, c. ii. — L. Renier, *Inscript. rom. de l'Algérie,* n° 1807 et suiv.)

Cologne, colonie fondée par l'impératrice Agrippine, dans le lieu de sa naissance. (Plin. l. IV, c. xxxi. — Taciti *Annal.* l. XII, c. xxvii.)

Constantinople, auparavant Byzance, ruinée de fond en comble par Septime Sévère, puis reconstruite et repeuplée par ce même empereur et par son fils Caracalla; elle prit alors le nom d'*Antonina Byzantiorum Augusta,* ce qui indique assez qu'on en avait fait une colonie. (Ducange, *Constantinopolis,* l. I, c. xvi.)

Corinthe, relevée comme colonie par Jules César, en même temps que Carthage. (Plutarchi *Cæsar,* c. lvii. — Dion Cass. l. XLIII.)

Faléries, appelée *Colonia Junonia* par Frontin, qualifiée colonie par Pline (l. III, c. viii), et *Colonia Faliscorum* par une inscription (Henzen, n° 5132).

Florence, citée comme colonie par Frontin et par Tacite (*Annal.* l. I, c. lxxix).

Histonium, colonie de la région du Samnium. (Frontini *De coloniis.*)

Jérusalem, relevée comme colonie par Hadrien et surnommée alors *Ælia Capitolina.* (Dion Cass. l. LXIX.)

faire exception, rien ne prouve que l'ancien chef-lieu des Marses n'a pas été, à un moment de son existence, repeuplé par quelque corps de vétérans des armées romaines.

Narbonne, la plus ancienne colonie romaine de la Gaule transalpine. (Plin. l. III, c. v.)

Nîmes, colonie fondée par Auguste : les monnaies locales et les inscriptions abondent pour en témoigner.

Pompéi, deux fois érigée en colonie, d'abord par Sylla, puis par Auguste : une inscription lui donne cette qualité. (Mazois, *Ruines de Pompéi*, t. IV, p. 69. — Henzen, n° 7088ª.)

Ravenne, colonisée en même temps que Rimini. (Strabonis *Geog.* l. V, c. 1, § 11.)

Thamugas : les inscriptions qualifient cette ville de colonie. (L. Renier, *Inscr. romaines d'Algérie*, n°ˢ 1479 et suiv.)

Toulouse, appelée colonie par Ptolémée.

Vérone, colonisée par Gallien, avec le surnom de *Nova Augusta Galliena* : l'inscription d'une des portes de cette ville en fait foi. (Vaillant, *Numismata colon.* t. II, p. 342.)

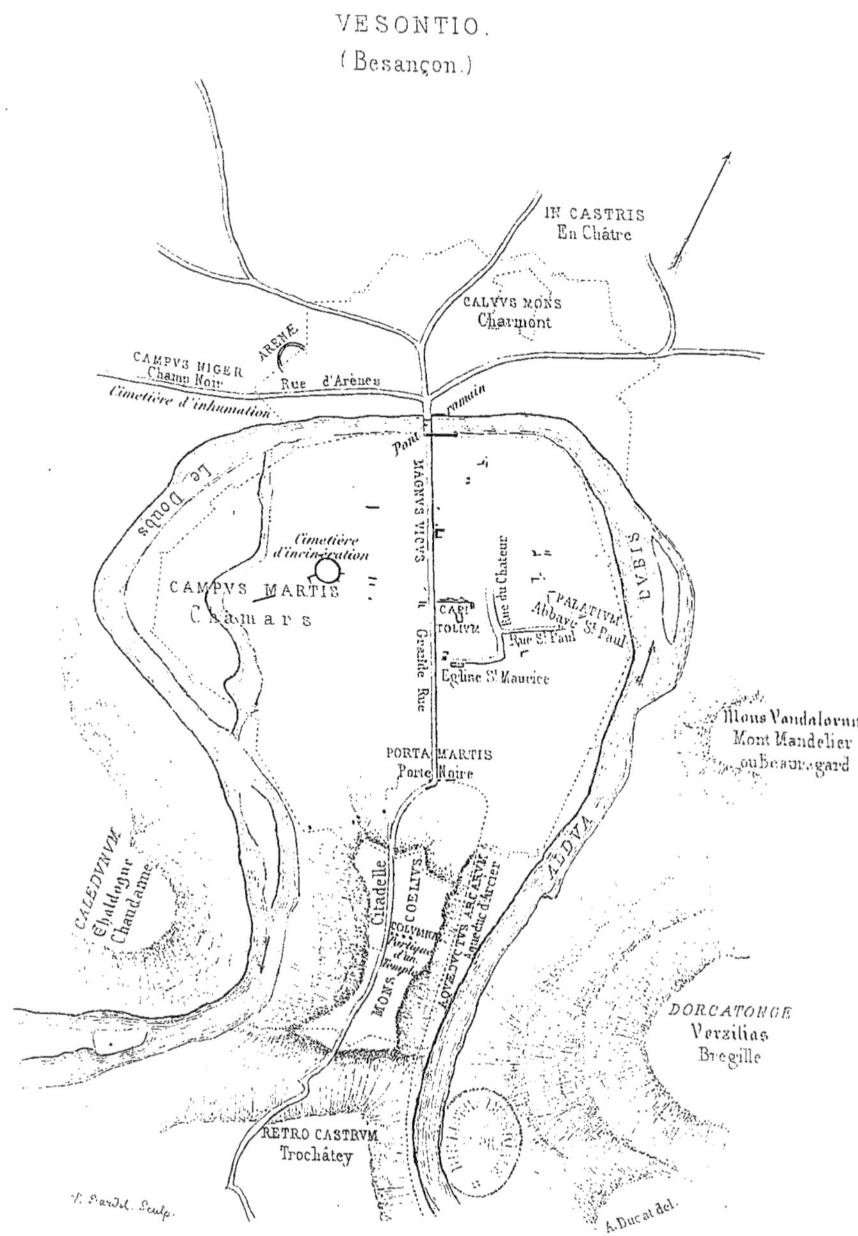
VESONTIO.
(Besançon.)
IN CASTRIS
En Châtre
CALVVS MONS
Charmont
CAMPVS NIGER
Champ Noir
ARÈNE
Rue d'Arènes
Cimetière d'inhumation
Pont romain
Le Doubs
MAGNVS VICVS
Cimetière
d'incinération
CAMPVS MARTIS
Chamars
Rue du Château
PALATIVM
Abbaye St Paul
Rue St Paul
DVBIS
CAPI
TOLIVM
Grande Rue
Église St Maurice
Mons Vandalorum
Mont Mandelier
ou Beauregard
PORTA MARTIS
Porte Noire
CALEDVNVM
Chaudagne
Chaudanne
Citadelle
MONS COELIVS
COLVMNA
rustique
d'un temple
LOVEDVCTVS ARCARVM
Aqueduc d'Arcier
ALDVA
DORCATONGE
Verzilias
Bregille
RETRO CASTRVM
Trochâtey
J. Sardel. Sculp.
A. Ducat del.
Imprimerie Impériale

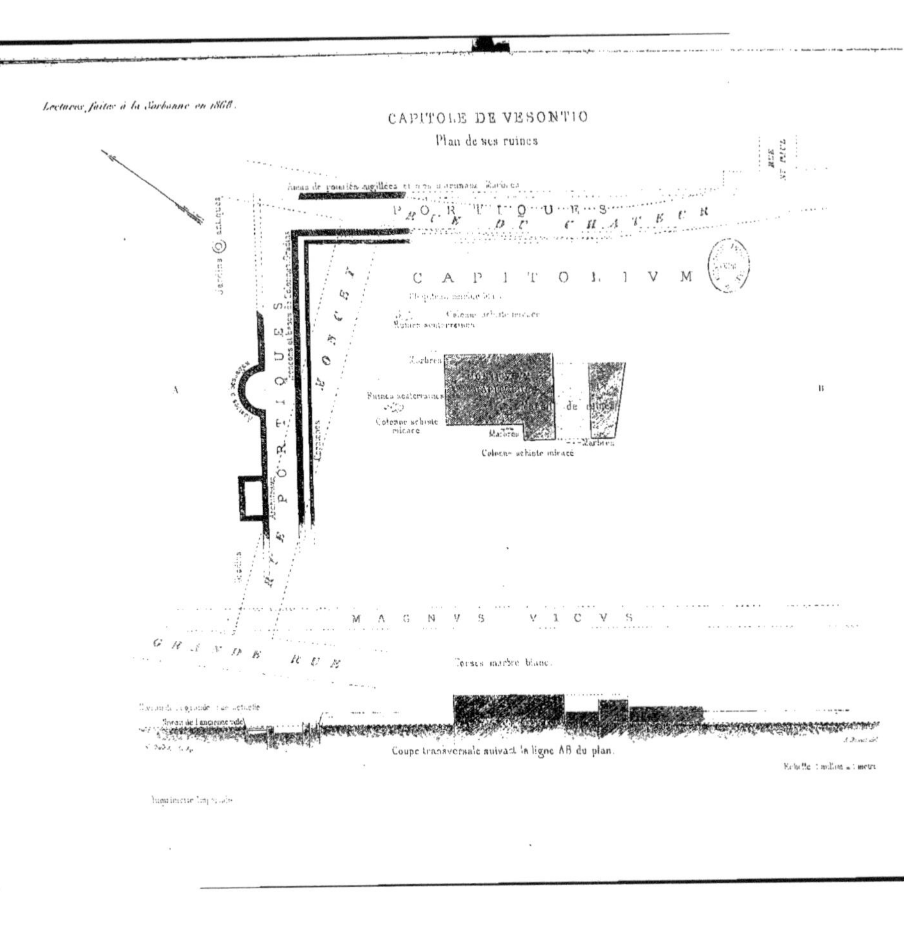

Imprimerie Impériale.

CAPITOLE DE VESONTIO
Fragments du Portique et du Temple.

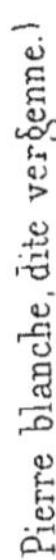

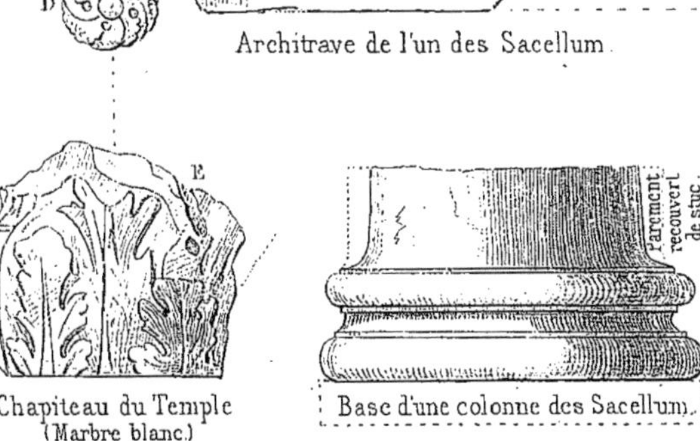